1924 Septième cahier.

CAHIERS
DE LA
SOCIÉTÉ DE GÉOGRAPHIE
DE HANOI

CONFÉRENCE
SUR LES
GROUPES ETHNIQUES
DU HAUT TONKIN
AU NORD DU FLEUVE ROUGE

Par le Lieutenant-Colonel BONIFACY

HANOI

M.CM.XXIV

CONFÉRENCE

SUR LES

GROUPES ETHNIQUES

DU

HAUT TONKIN AU NORD DU FLEUVE ROUGE

Vous me permettrez, avant de vous énumérer les divers groupes ethniques qui peuplent le haut Tonkin, de préciser ce dont je dois parler en donnant quelques définitions : par le mot *race* on entend une réunion d'individus ayant les mêmes caractères physiques, taille sensiblement égale, squelette, traits, couleur de la peau, des cheveux, des yeux, etc., par groupe ethnique, peuple, nation, etc., au contraire, on entend une réunion d'individus qui, bien que pouvant appartenir par leur origine à différentes races, vivent ensemble, ont même langue, mêmes coutumes, mêmes mœurs.

La description des races, qui est, par le fait, la description des caractères physiques, est le domaine de l'anthropologie ; l'étude des coutumes, des mœurs, de la langue, des groupes en un mot est du ressort de l'ethnographie.

Je débuterai en vous parlant, sans trop y insister, de l'anthropologie. Il est, en effet, quelques données anthropologiques qu'un profane peut parfaitement aborder, il suffit de recevoir, comme je l'ai fait par deux fois, les leçons de maîtres éminents en cette science, les docteurs Deniker et Manouvrier. Mesurer sur le vivant la taille, les dimensions du crâne, du nez, la largeur des épaules, le périmètre de certaines parties du corps au moyen d'instruments spéciaux, donner la couleur du teint, des yeux, des cheveux n'exige pas une connaissance profonde de l'anatomie humaine, et ce sont surtout les renseignements de cette nature donnés par des voyageurs, des administrateurs, des militaires qui ont permis de décrire la plupart des races humaines, dont les spécimens, morts ou vivants ne se trouvent pas à Paris.

Et il est encore plus facile de faire de l'ethnographie : relever le vocabulaire des mots concrets d'une langue, retracer les mœurs, les coutumes, transcrire les contes populaires, étudier les croyances, la religion aussi fidèlement et d'une façon aussi objective que possible, décrire les ornements, les coutumes, les habitations, la chasse, la pèche, la façon de cultiver le sol, etc, est du domaine de l'ethnographie. On peut en faire, comme M. Jourdain de la prose, sans le savoir.

Et bien, pour parler d'abord de l'anthropologie, il me suffira de mettre sous vos yeux les photographies de groupes, d'individus isolés, de face

Tirailleurs annamites

et de profil, pour vous convaincre que les habitants de la haute région, quel que soit leur groupe ethnique, ressemblent étrangement aux Annamites. Chez les uns et chez les autres vous trouvez des individus au nez épatés, grosses lèvres,yeux non bridés, cheveux rarement bouclés, mais assez souvent ondulés, et d'autre part des visages allongés, nez à peu près droit, cheveux rares, gros et lisses, lèvres assez minces, yeux bridés, et toute la gamme des mélanges entre ces types extrêmes, de plus on retrouve chez tous les mèmes croyances, des coutumes fort semblables et, si on en retranche les Lolo, de langues ayant quantités de points communs, soit dans le vocabulaire soit dans la syntaxe.

Nous en concluons donc que tous ces groupes sont apparentés et formés des mèmes races composantes, certaines de celles-ci prédominant un peu dans certaine groupes.

Je vais maintenant vous présenter plusieurs spécimens de chaque groupe ethnique en costume national.

Tirailleurs tay

Tirailleurs mèo

Annamites montagnards : Quelques-uns sont sans doute des Tày annamitisés, mais beaucoup se prétendent Annamites de race pure. Ils vivent dans la région montagneuse du pourtour du Delta, remontant plus haut le long des rivières, la plupart habitent des maisons sur pilotis, d'ailleurs fort bien faites. Leurs coutumes sont semblables à celles des Annamites du Delta et il est probable que certains d'entre eux remontent à l'époque lointaine au cours de laquelle le Delta n'était pas formé ; ils sont restés sur place au lieu d'émigrer sur les terres que la mer abandonnait, ils seraient dont les plus anciens représentants des Annamites. Beaucoup d'entre eux ont été détruits ou dispersés et refoulés dans le Delta à l'époque de l'invasion

Tày blancs

des Mèo (Pavillons Blancs), suivie bientôt de celle des T'ai Ping chassés de Chine, dont furent les Pavillons Noirs, Luong tiên Tich et son fils Luong tam Ky.

Les Tày viennent ensuite ; dans la région de Cao-bang, Lang-son, ils ont emprunté beaucoup aux Annamites ; à Bao-lac, au contraire, leur langue paraît pure de tout mélange. Chez aucun d'entr'eux on ne trouve trace des caractères palis des Tày du Sud. Ils écrivent leur langue au moyen de chu nôm en tout comparables à ceux des Annamites. Parmi eux les uns se disent *blancs*, les autres *noirs* ; les premiers se prétendent doués d'une culture plus élevée, les autres sont fiers d'avoir conservé plus purs les mœurs de leurs ancêtres. Ma tuan Ling, l'ancien ethnographe chinois, décrit les Tày de la région de Cao-bang, Bao-lac sous le nom de Barbares de Kouang Uyen, ancien nom du pays. Les Tày habitent les vallées fertiles sur le bord des rivières ou dans les montagnes. Ils sont soumis au régime féodal, leurs seigneurs, les chau muong, fournissaient, sous les anciens rois, les administrateurs héréditaires du pays. Ce système fut changé par Minh Mang, après la révolte de Nông-van-Vân, seigneur héréditaire de Bao-lac (1832).

A la suite des Tày, et parlant un dialecte de leur langue se placent les Nông, le mot signifie frère cadet en tày. Ces Nông viennent de Chine ; dans l'Est ils portent le costume chinois, dans l'Ouest leurs femmes revêtent

Tây noirs

une jupe à petits plis et un caraco à rangée médiane de boutons d'argent. On rencontre parmi eux plusieurs tribus : les Nông chuong ou Hac y (habits noirs), ont un langage qui ressemble beaucoup au tày de Bao-lac, les Nông-an (en chinois In), ce sont certains d'entr'eux qui portent le costume que nous venons de décrire, les Nông Quây son, du nom de leur pays en Chine.

Les Nông racontent, sur l'origine de leur race, la légende suivante : le père de tous les Nông, encore enfant étant tombé de sa maison sur pilotis, une chienne lui présenta ses mamelles et l'allaita. C'est pour cela que la chair du chien est tabou pour les Nông. Comme les musulmans du Yunnan, les Hôi hôi, s'abstiennent de la chair du porc, on dit de même, dans le pays qu'une truie présenta ses mamelles à l'ancêtre de leur race.

Les Giày parlent également un idiôme tày, mais encore plus éloigné de celui des Tày du Tonkin. Parmi leurs coutumes, ils ont conservé le lévirat, c'est-à-dire le mariage du frère cadet avec la sœur de l'aîné mort, la réciproque n'est pas vraie, et il semble qu'il faut voir là un reste de la polyandrie

Nông an et Giầy

familiale, sorte de mariage dans laquelle la femme de l'aîné est aussi celle de ses frères cadet, alors que l'aîné, si ses frères ont des femmes particulières, ne peut prétendre à la même faveur. On sait que la polyandrie familiale est en honneur chez les peuples qui habitent l'Himalaya, et que sa forme atté. nuée, le lévirat existait chez les ancêtres des Annamites à l'époque de l'arrivée des Chinois. Une autre coutume non moins curieuse, et que l'on retrouve dans d'autres groupes, est de ne marier les garçons qu'avec des filles beaucoup plus âgées qu'eux : il faut, dit-on, qu'elles puissent tenir un ménage. J'ai logé chez un notable giây, sa belle-fille, une forte femme paraissant âgée de 25 ans, dirigeait la maison, le mari de celle-ci, qui venait d'atteindre 15 ans, était à l'école à Yên Minh. Les Nhang de Lao-kay sont fort rapprochés des Giây, mais au dire des uns et des autres, ils ne doivent pas être confondus. Ils sont tous appelés Payi au Yunnan.

Les Trung Cha (écrit Tchong kia par les sinologues), sont très peu nom-

Trung cha

breux au Tonkin, leur dialecte diffère assez notablement du tày. On reconnaît leur présence aux grandes pyramides de pierres qu'ils élèvent sur les tombeaux. Le costume de cérémonie des femmes, avec la jupe, le caraco et les manches brodées de soie, le tablier à bavolet, est fort gracieux. Parmi leurs coutumes, je signalerai la suivante : les parents se cachent lors du mariage de leurs enfants, ils sont tabous pendant quelque temps. Le tabou des beaux parents est de règle chez de nombreuses tribus nègres.

C'est par erreur que certains voyageurs ont rattaché les Tchong-kia aux Mèo, leur langue est tày et ils sont, physiquement, aussi différents que peuvent l'être des groupes ethniques dans ce pays, leur taille est beaucoup plus élevée, alors que les Mèo sont les plus petits de nos indigènes.

Enfin, avant de quitter les Tày, disons qu'une tribu man, les Cao-lan, parle un idiome tày.

Ce nom de Tày, que j'écris en suivant l'orthographe quôc-ngu, n'a aucune signification et il n'est pris que par les Tày du Tonkin, que les Annamites désignent plus particulièrement sous le nom de Thò (1).

Pour donner une idée de la différence qui existe entre les divers dialectes

Lao

tày le mot homme se prononce : càn, con, khon, hôn, hun, vân ; le mot eau, nam, nàm, râm, vàu et nôm. En outre, chaque dialecte diffère suivant le pays, on voit donc la difficulté que présent l'établissement d'un diction-

(1) Les Nông, Giây, Trung Cha ne veulent pas être appelés Tày.

naire tày, ceux que nous avons vus ne conviennent qu'à un seul dialecte, pris dans une région donnée, et il en est de même pour les dictionnaires ou

La qua

vocabulaires mèo, lolo, man, etc. etc. Cela se comprend facilement, une langue qui n'est pas fixée par l'écriture, varie étrangement dans le temps et dans l'espace.

Voici maintenant des groupes dont l'importance numérique est bien faible, mais dont la langue, les coutumes présentent un intérêt très grand pour l'ethnographe, elles sont en effet, pour leurs voisins, même Tày, des races autochtones et leurs langues, d'ailleurs de même forme que l'annamite, présentent des particularités remarquables.

Voici d'abord les Lao, dont on trouve quelques îlots dans le pays de Bao-lac, entre Hà-giang et Lao-kay, et dont il existe un groupement assez important dans la partie des cantons de Phuong-do et de Tu long, l'Eldorado du Tonkin, que les Annamites avaient défendu âprement et victorieusement contre les convoitises chinoises et que nos diplomates ont bénévole-

La ti

ment abandonné. Les Lao habitaient autrefois toute la région montagneuse et ils ont laissé leur nom au Laos, ils furent exterminés, disent les chroniques chinoises, par les Thô (Tày) venus de l'Est, qui tuèrent les hommes et s'approprièrent les femmes. Nous voyons cependant que quelques-uns se sont maintenus conservant leur langue, très gutturale, abondant en mots dysyllabiques et même polysyllabiques, mais de même syntaxe que celle des Annamites. Comme toutes les races proscrites, on les tient pour de dangereux sorciers, et c'est surtout chez eux que se trouvaient ces hommes à tête volante, dont la tête, suivie des viscères, se détachait la nuit pour errer en tous lieux, se repaissant d'excréments et de sanie. Dans leur langue, les Lao se nomment Thư et bien que leur vocabulaire soit fort différent des vocabulaires annamite et tày, ceux-ci paraissent leur avoir emprunté un assez grand nombre de noms d'arbres ou de plantes. Dans le Dông quang, à l'ouest de Bao-lac, les Lao, ou Kê lao, remplissement souvent l'office de ménétrier et de forgeron, une de leurs tribus s'appelle les batteurs de fer.

Les La qua, pen ti Lolo (Lolo aborigènes) dans leur langue Ca-Beo, appelés encore pu Peo (hommes Beo), ou Môn, se font remarquer par le costume très original de leurs femmes. Leur langue, toujours de même forme que la langue annamite, présente, en ce qui concerne les noms de nombre, une certaine analogie avec la langue cham, et détail curieux, sept se dit, dix moins trois, etc... Les La qua, fort doux, souvent adonnés à l'opium, se laissent évincer par les Mèo. Sur leurs autels familiaux, ils placent de petites urnes qui renferment, disent-ils, les âmes de leurs parents morts. Ils aiment à chanter par chœurs alternés de filles et de garçons et, détail curieux, leurs chants sont en langue tây. Ils habitent à l'Ouest du plateau du Dong Quang.

Les Lati, A khu dans leur langue, forment un groupement assez important dans le canton de Tu long, les chefs de leur race, de la famille Hoàng, étaient propriétaires des riches mines de cuivre et de galène argentifère de Tu long, maintenant abandonnées à la Chine qui ne les exploite pas. La religion, les mœurs de Lati sont très curieuses, ils croiraient manquer à leurs devoirs s'ils offraient aux mânes de leurs ancêtres l'encens réservé aux seuls génies, ils doivent se contenter d'offrandes de vin contenu dans des cornes de buffle ou de bœuf. Leur langue a la même syntaxe que l'annamite et le tây, mais avec un vocabulaire particulier.

Nous arrivons maintenant aux fils de Pen Hu, qu'on appelle Man au Tonkin, Yao en Chine. Les étudier est tâche facile pour un sinologue, car ils ont des livres, renfermant leurs légendes, leurs chants religieux, des livres de famille où sont notés les lieux ou furent enterrés leurs ancêtres, et enfin un document fort curieux, appelé charte des Man qui, après avoir relaté l'origine miraculeuse de leur race permet, au moyen de permis d'habiter et de certificats de bien vivre, de suivre leurs migrations depuis le Tche Kiang, à l'Est de la Chine, jusqu'au Tonkin. Enfin, en dépit de leur extrême dispersion, les Man ont la conscence de leur unité, ils savent parfaitement énumérer leurs tribus, connaissent les détails de costume qui les distinguent.

Il suffit d'étudier un peu la langue des Man pour constater qu'elle est sœur des langues tây et annamite, en dépit de quelques différences syntaxique, il n'est pas possible d'étudier les origines de ces deux langues sans tenir compte des ces ressemblances, beaucoup trop nombreuses pour être fortuites. Les Man étant originaires de l'Est de la Chine, aussi bien d'après leurs documents que d'après les témoignages des Chinois et même de certains voyageurs européens, on doit en conclure que la langue annamite primitive, que la langue tây ont aussi leur origine dans le même pays, ce qui est d'ailleurs conforme à l'histoire et aux traditions.

La charte, comme tous les livres man, est écrite en chinois mélangé de quelques mots man en chu nôm. Voici, d'après elle, un résumé de l'origine des Man : un roi du pays de Tchou était en guerre avec un rebelle, il avait promis, par édit, la main de sa fille et la moitié de son royaume à qui l'en délivrerait. Un chien dragon, au pelage orné des cinq couleurs, lui apporta la tête du rebelle. Le roi chercha à éluder sa promesse, mais le chien Pen ming Hu saisit le bas de la jupe de la jeune princesse pour monter qu'il ne se laisserait pas tromper. On laissa donc le chien dragon emmener la princesse et on leur assigna pour demeure la montagne de la conférence (Koei Ki) dans le Tche Kiang

De ce couple naquirent six fils et six filles ayant un corps humain, mais une queue de chien et le roi leur assigna pour apanage les montagnes bleues où ils vivraient dans la campagne des oiseaux et les gibbons, labourant et semant avec le fer et le feu (sur défrichement).

Ce système de culture, en dépouillant les montagnes, en les rendant stériles et aussi la pression chinoise a déplacé peu à peu les Man vers l'Ouest, à la recherche des montagnes encore boisées. Les premiers qui sont venus au Tonkin sont sans doute les Man quàn trang, car j'ai trouvé chez eux une société secrète dont les membres s'intitulent soldats des Song, dynastie chinoise qui a fini de régner au 13e siècle. Depuis, et encore de nos jours, des groupes man passent au Tonkin et ils sont nouveaux venus au Yunnan et au Laos.

On trouve naturellement, dans les livres man, l'histoire de la création du monde, de l'homme, etc, et je veux vous dire en deux mots celle du déluge : le maître du ciel, ayant décidé de détruire la race humaine par un déluge, un génie bienfaisant remit au jeune Fou Hi et sa sœur Niu wa une graine de courge qui produisit un fruit énorme. Lorsque les eaux tombèrent, les deux jeunes gens prirent place dans la citrouille et il furent sauvés. Quand les eaux se retirèrent, ils abordèrent sur le mont Kouen lun et se mirent à la recherche d'autres individus pour perpétuer la race humaine. La tortue noire, puis le bambou, leur dirent qu'il n'y avait plus d'hommes et qu'ils devaient s'épouser, mais Fou Hi les coupa en morceaux qui se reconstituèrent miraculeusement en gardant cependant des traces de leurs blessures. Cependant Fou Hi hésitait encore, et il envoya sa sœur sur l'autre rive du fleuve pour y passer la nuit, ils allumèrent chacun un feu pour cuire leur repas et les fumées des feux se réunirent et se confondirent au-dessus du fleuve avant de monter vers le ciel. Cette manifestation de la volonté des génies mit fin à la vertueuse obstination de deux jeunes gens, ils s'unirent ; après dix mois, la jeune sœur mit au monde une citrouille, disent les uns, dont les graines jetées sur la montagne et dans la plaine produisirent les diverses races d'hommes ; suivant les autres, elle accoucha d'une boule de chair informe, que son époux coupa en 360 morceaux, chacun de ces morceaux devint l'ancêtre d'une des races humaines.

Cette légende est commune à tous les groupes de la haute région et elle est connue dans certaines parties du Delta. On sait que les Tày du Sud placent l'action dans le pays de Diên biên phu, qu'ils appellent Muong-Thèng

Man cao lan

(région de la Citrouille) et qu'ils tiennent ce pays comme le point de départ de leurs ancêtres émigrant dans les bassins du Mékong et de la Ménam. On la retrouve aussi aux Indes.

Les Man se subdivisent en 6 tribus qui sont :

Les Cao-lan qu'on trouve aussi en Chine et qui habitent au Tonkin les montagnes en bordure du Delta. Les broderies du vêtement des femmes représentent, disent-ils, les souvenirs du chien ancêtre. Ils habitent des cases sur pilotis, sont habiles cultivateurs, tout en pratiquant, s'il est nécessaire, la culture sur défrichement. J'ai déjà dit qu'ils parlent, aussi bien en Chine qu'au Tonkin, un dialecte tày, dont ils prononcent certains sons à la façon des Man.

Les Quân-côc (pantalons courts) ou Man dât (Man de terre), dans leur langue Son dieu (Yao des montagnes) ; ce sont de très habiles agriculteurs, installés dans les plaines fertiles, ou dans les vallées au pied des montagnes. Ils ont des habitations faites à même le sol sur le modèle chinois, un maté-

Man quân-côc

riel de culture perfectionné. Je signalerai, parmi leurs coutumes, une des formes curieuses de la pudeur : il est inconvenant, pour les femmes, de montrer leurs cheveux, surtout à leur beau-père, par contre leur pagne, fort court, est formé de pièces de toile non cousues, rattachées à la ceinture et qui laissent voir parfois, lorsque le vent souffle ou par suite d'un mouvement brusque, des cuisses généralement dodues.

Les Quân-côc parlent un dialecte chinois ressemblant surtout à celui du Fou-kien, encore une preuve de l'origine orientale des Man.

Les Quân-trang (pantalons blancs), appellent tous les Man kim mun (hommes de la montagne) et désignent plus particulièrement leur tribu par le nom de pe coa mun, hommes au pantalon blanc. Ils sont cantonnés sur les bords de la Rivière Claire et du Fleuve Rouge, à peu près à hauteur de Yên-bay et de Tuyên-quang. Ils cultivent sur défrichement les collines et font quelques rizières dans les vallées. Chez eux tous les jeunes gens acquièrent leur femme en servant pendant plusiers années dans la maison du beau-père ; ils parlent un dialecte man fort semblable à celui des Lan

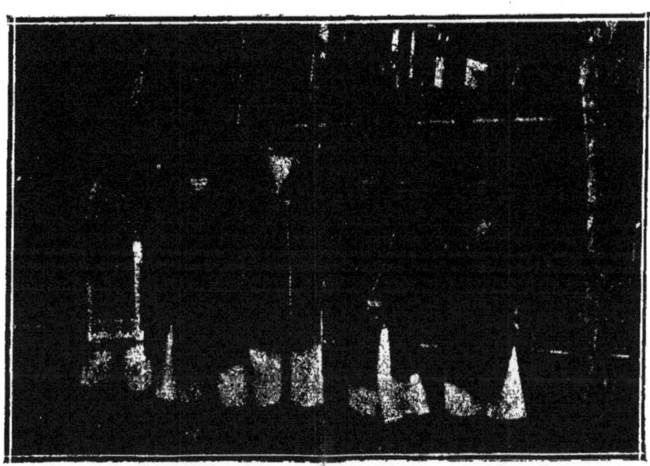

Man quần trang

Lan tiện

tièn (couleur d'indigo) ou Chàm (même signification), ou Son ti (fils de la montagne), Xanh i (habit bleu), etc. Dans leur langue, ils se qualifient de famille blanche. Les Lan tièn ont une aire de dispersion très grande, mais ne se rapprochent pas du Delta. Dans certaines partie du 3e Territoire, ils ont de superbes rizières étagées sur la croupe des montagnes. Ailleurs ils ne cultivent que sur défrichement. La coiffure de leurs femmes les fait ressembler à des Bretonnes. Même au Yunnan, quand ils lisent leurs chants, ils prononcent les caractères à la façon méridonale.

Les Siao pan (petites planches) ou Deo tièn (ornés de sapèques) dans leur

Deo tién

langue dzot ton miên (hommes au petit turban) par opposition aux tùm dzot miên (hommes au grand turban) qui suivent. Leurs groupements les plus nombreux sont entre la Rivière Claire à l'Ouest et le Sông-câu à l'Est, on en trouve cependant quelques-uns au Sud du Fleuve Rouge. On a la singulière habitude, aussi bien chez les Annamites du Delta que chez les habitants de la haute région, de percer l'oreille gauche des garçons maladifs ; il suffit de cela pour tromper les génies malfaisants, qui n'ont cure des filles, sur leur sexe. Les Deo Tièn tiennent les génies en plus haute estime, et ils pensent que pour les tromper, il est nécessaire d'orner les garçons de tous les bijoux du beau sexe et de les revêtir du même habit. Ils conservent, par contre, la coiffure et le pantalon masculin. Les Siao pan sont venus au Tonkin à l'époque des Ming. Leur dialecte est à peu près le même que celui des suivants,

Les Ta pan : (Dai ban en sino-annamite, grande planche), se subdivisent en 3 groupes les Du cun, couteaux ronds, les Ngông dao, grandes cornes. les Ngông nang, courtes cornes, qui s'échelonnent du Sud au Nord dans

Du cun

l'ordre donné. On trouve des Ta pan partout où vient les autres Man, et ils sont considérés par tous comme les aînés de la race. Beaucoup vivent sur défrichement, d'autres ont de fort belles rizières. Ils sont les mieux vêtus, les plus industrieux des Man.

Les Man sont en général très fiers de leur origine, très indépendants, leurs liens sociaux sont relachés, ils sont individualistes, Il est très difficile de les soumettre à la servitude militaire. Par contre ils savent très bien faire la guerre de partisan, à condition qu'on leur laisse la liberté de manœuvre. Ils sont tout disposés à servir fidèlement les chefs français qui les connais-

Tapan grandes cornes

sent, s'occupent d'eux, et ils m'ont rendu, soit au point de vue militaire, soit au point de vue politique, des services que je n'oublierai jamais. Il ne faut pas attendre d eux, surtout si on a affaire aux Lan tiên ou aux Ta pan, la

Tápan petites cornes

politesse un peu servile des Annamites ou des Tày, si on est seul avec eux, ils se familiarisent aisément, même les femmes et les enfants, car ils tiennent les Européens pour des parents de leur race, une fille de Pen ming Hu s'étant, disent-ils, unie à un Européen. Mais j'ai tellement vécu parmi les Man et me suis si bien intéressé à eux qu'il me faut faire un effort pour passer à une race voisine qu'on trouve dans la montagne, à l'Ouest de Bac quang.

Les Pa teng (Pa sing, huit familles) sont les indigènes les plus frustes que j'ai connus au Nord du fleuve Rouge. Ils vivent dans les bois, leurs villages sont cachés et ils ne pratiquent que la culture sur défrichement. Leur langue comprend des mots man, mèo, lolo, prononcés d'une façon nasale et sans explosives à la fin des mots. Ils ne s'attribuent pas la même origine que les Man. La mère de leur race, disent-ils, était stérile ; au cours des prières ferventes qu'elle adressait au Ciel pour avoir des enfants, un génie lui apparut et lui donna huit doliques : Il te suffira d'en avaler une, lui dit-il, pour concevoir un enfant. Dans sa hâte elle avala en une seule fois les huit doli-

Pateng

ques et mit au monde, après dix mois, huit garçons qui furent les chefs des huit clans dont se compose la tribu. Les Pa teng, comme les Japonais, font prendre la position assise à leurs morts et les enterrent ainsi. Dans leur langue, ils s'appellent Y viang mhê (hommes coupeurs de bois).

Pendant mon séjour à Bao Lac, je remarquais certains indigènes que l'on appelait Kouey tcheou. Je voulus prendre leur vocabulaire et m'aperçus, dès les premiers mots, qu'ils avaient le même langage que les Pateng. Ils étaient cependant vêtus à peu près comme les Chinois et, de même que les autres habitants de la montagne, ils travaillaient à la charrue, à sec, absolument comme en France. Leurs traditions, certaines coutumes, étaient d'ailleurs identiques à celles des Pa Teng qu'ils savaient leurs parents et ils me dirent que dans l'Est du Yunnan, on trouvait beaucoup de leurs congenères. Certains d'entr'eux avaient même abandonné la langue maternelle et on les nomme des Si fan (mangeurs de riz) tandis que les autres sont appelés, dans leur langue Na è (ou Nong è), qui a la même signification.

Les Mèo (prononcé en chinois Miao), sont de nouveaux venus dans le pays ils s'y sont répandus fort vite, puisqu'on en trouve maintenant dans le

Mèo blancs

Trân-Ninh ; descendus du Kouey Tcheou où les Chinois les massacraient, ils se sont dirigés directement vers le Midi, ne laissant que quelques éclaireurs en dehors des degrés de longitude qui limitent ce pays.

Les plateaux calcaires du Dông Quang et du Duong Thuong qui sont à l'extrême Nord du Tonkin et qui, par leur température, se rapprochent le plus du pays d'origine des Mèo, furent rapidement peuplés par ces derniers, et c'est du Duong Thuong que partit la terrible révolte des Pavillons Blancs. qui ensanglanta tout le Haut du Tonkin, fit disparaître des vallées élevées les Tày pour les remplacer par des Mèo, et se propagea jusqu'au Laos. Depuis cette époque, les Mèo se sont plusieurs fois révoltés, poussés par leur sorciers, qui leur promettent la prédominance sur les autres races, l'invulnérabilité au combat. Beaucoup de prudence est nécessaire pour les administrer. Les Mèo sont ivrognes, irascibles, crédules, mais, dans les pays dont le climat est à peu près le même que celui de leur pays d'origine, ils sont restés de

Mèo rouges

gros travailleurs, habiles agriculteurs, éleveurs parfaits, ils savent cultiver le sol d'après les ressources de la région, à sec dans les pays calcaires, en rizières inondées dans les terrains primitifs, où les eaux sont superficielles. Dans les rochers du Dông Quang, ils utilisent les moindres creux pour y semer du maïs, en y jetant la semence et une poignée de fumier desséché et arrivent à faire trois récoltes : du maïs au printemps, des haricots, de l'éleusine, du sarrazin à l'automne, des petits pois, des fèves et surtout de l'opium en hiver. En outre, sous notre direction, ils ont construit des chemins qui étonnent ceux qui les parcourent par le travail qu'ils ont dû exiger.

Les Mèo se divisent en plusieurs tribus, les blancs, dans leur langue Mông dao (ou tlao), ce sont les plus nombreux, les plus riches et les plus influents, les Mèo rouges ou Mèo brodés, Mông len (en chinois hông miao), les Mèo à chignon, Mông cho pià (Mèo faire rond) en chinois pien téou miao (tête enroulée ou penchée), et enfin les Mèo noirs, dans leur langue Mông sa (Mèo à peigne) et Mông du (Mèo noirs).

Les noirs d'abord, puis les cho pia, puis les rouges, semblent être les

Mèo à chignons

éclaireurs des blancs, ils descendent sur la pente des montagnes, cultivent même les vallées en ayant soin de remonter la nuit sur les collines, ce sont surtout ceux qu'on trouve dans les îlots dispersés vers le Midi. Les Mèo noirs, venus au Tonkin les premiers, ont même pris parti contre leurs congénères pendant la récolte de 1862, en se groupant avec les Annamites et les Tày sous l'étendard rouge.

Les Mèo, bien qu'ils habitent le plus souvent des habitations isolées, ont l'esprit beaucoup plus grégaire que les Man; ils ont des chefs héréditaires dont le pouvoir est très grand et, dans le Dông-quang, ils servent comme miliciens ou tirailleurs. Les tirailleurs libérés se sont montrés loyalistes à

Mèo noirs

notre égard pendant la révolte de 1911, révolte d'ailleurs désavouée par les grands chefs mèo eux-mêmes.

La criminalité est assez grande chez les Mèo, souvent des marchands chinois sont assassinés et dépouillés, plus souvent encore, les crimes sont dûs à des vendettas ou à la croyance aux jeteurs de sort, on les tue pour venger la mort d'un parent, car les Mèo admettent difficilement que la mort ou la maladie soient naturelles, ils l'attribuent à des maléfices.

Lolo noirs

La langue de Mèo mérite, comme celle des Man, le nom de ramage d'oiseau donné par les Chinois. Elle a de nombreux traits de ressemblance avec le man, le tày et l'annamite.

Les Lolo, sous le nom de Man-khoanh (ann. Man à galons) de Mia (tày) sont encore nombreux dans le pays de Bao-lac, sur le plateau du Đông-quang, ils disparaissent devant les Mèo, plus énergiques, plus prolifiques.

On distingue les Lolo noirs, dans leur langue Màn-zi, dont les femmes portent le pantalon. On les appelle aussi en chinois Kan-teou-Lolo (Lolo-coupeurs de tête), on prétend, en effet, qu'ils plaçaient le crâne de leur

Lolo blancs

morts sur les autels familiaux. Cette coutume est abandonnée, mais on y voit des crânes, des mâchoires d'animaux. Les morts y sont représentés par des silhouettes en papier, schéma d'une forme humaine et sans doute origine de la tablette funéraire.

Les Lolo blancs, en chinois Lolo aux cheveux longs, diffèrent des Lolo-noirs par un costume beaucoup plus riche, des habitations beaucoup mieux construites et quelques différences dans le dialecte, par exemple ils se disent Màn-za au lieu de Màn-zi.

Lolo Pula

En descendant le sông Gàm, on trouve quelques villages habités par des Mung. Ils sont vêtus comme des Tày, parlent couramment leur langue et abandonnent peu à peu la langue lolo, je n'ai même pu me procurer un vocabulaire qu'en faisant venir des femmes, les hommes prétendant l'ignorer. Cet idiome diffère notablement de celui des Lolo noirs ou blancs.

Enfin on trouve, entre Hagiang et Laokay, quelques villages Pula (pu signifie race peuple en tày, la est le caractère prononcé lo en chinois). Ces indigènes se nomment Pu P'a, dans leur langue. Ce sont des idiomes très voisins du leur qui ont été étudiés par les P. P. Vial et Liétard. Les mots racines, qu'on retrouve dans l'idiome des Lolo blancs, noirs ou des Mung, sont surchargés d'affixes dont on ne semble pas avoir bien déterminé la valeur.

Cette langue lolo appartient à la famille barmano-tibétaine, elle diffère absolument de celles dont nous avons parlé comme syntaxe, de plus elle ajoute des affixes aux racines, comme dans les langues agglutinantes. On trouve cependant, dans le vocabulaire, des mots ressemblant au tày, au mèo.

Les Lolo sont habiles agriculteurs, dans la région de Baolac ils sont aptes à toutes les cultures et entourent leurs habitations de pêchers, pommiers, poiriers, etc, qu'ils savent greffer. Ils envoyaient autrefois, par le sông Gâm, un tribut de leurs fruits au roi d'Annam. Les livres annamites appellent les Lolo Son trang, les deux caractères signifient : fermiers des montagnes.

Des divers groupes que je viens d'énumérer, quelques-uns ne se trouvent que dans le 3e Territoire Militaire, mais la plupart ont des représentants du Fleuve Rouge à la mer. Les noms qu'on leur donne dans la région, et surtout l'orthographe employée varient souvent, mais il suffit de connaître un peu la question pour identifier les groupes. Passant un jour par Bao-ha, j'eus la curiosité d'interroger des Xa-phô, qu'un de mes camarades avait classé parmi les Lolo, ils parlaitent l'idiome man des Lan tiên et des Quân Trang, ils appartenaient au premier des ces groupes.

En terminant, Mesdames et Messieurs, je souhaite de tout cœur que des chemins facilement praticables vous permettent de visiter les pays dont je viens de vous montrer les aspects pittoresques, dont je vous ai décrit sommairement les habitants aux costumes si beaux, si variés qui diffèrent étrangement des teintes neutres et uniformes du Delta. Ma pensée me reporte souvent dans ces belles montagnes, tantôt composées de calcaires aux formes étranges, dont la baie d'Along ne peut vous donner qu'une faible idée, tantôt de massifs granitiques où les eaux s'épanchent en rubans d'argent, s'écoulent en cascatelles des rizières étagées, grondent dans des ravins encombrés des rochers aux brillantes couleurs. Parfois ces rivières s'engouffrent sous les roches calcaires qu'elles rencontrent, en ressortent tantôt sous forme de sorgues comme la fontaine de Vaucluse, tantôt en cascade. Dans l'air pur et frais des montagnes, la vue de cette belle nature, de ces curieux habitants, le son des clochette des troupeaux, sont un enchantement pour l'œil et pour l'esprit, je souhaite que vous puissiez l'éprouver un jour.

Lieutenant-Colonel BONIFACY

www.ingramcontent.com/pod-product-compliance
Ingram Content Group UK Ltd.
Pitfield, Milton Keynes, MK11 3LW, UK
UKHW022143260726
13993UKWH00005B/2120

9 782329 339887